Frédéric FERNANDEZ

BLUETOOTHED

Précédé de

UN EFFET D'AFFECT

Frédéric FERNANDEZ

UN EFFET D'AFFECT

-Récits d'un *dividu*

© 2017 **Frédéric Fernandez**

Photographies : **Frédéric Fernandez**

Edition : BoD - Books on Demand
12/14 rond-point des Champs Elysées
75008 Paris
Imprimé par BoD – Books on Demand, Norderstedt
ISBN : 9782322137879
Dépôt légal : **février 2017**

Annexes au Carnet de Santé

Que fait l'enfant les mercredis et les fins de semaines?

Examen entre 5 et 6 ans : ***Jeux individuels***

Examen entre 10 et 12 ans : ***Jeux individuels***

Décrit en bleu sur les lignes de mes premières années de santé, le même bleu qui a teinté mes yeux. Ils m'ont permis de voir le jour en polychromie au quinze novembre mille-neuf-cent-soixante-seize. Maman a souhaité m'offrir le monde dans la meilleure clinique du moment, près de champs de courses et de leurs jockeys, un contreseing de mon futur mètre quatre-vingt-treize. Je suis son second enfant. Trois ans seront nécessaires pour que j'associe trois mots mais déjà autour de moi étaient à entendre : Maman, Papa et Frère.

Maman est professeure de sciences. Ses parents cultivent la terre sur laquelle ils ont fait pousser leurs enfants. Papa est technico-commercial, ses parents chérissent leurs enfants avec qui ils ont fui l'Espagne franquiste. Mon Frère est le premier petit fils de cette famille métissée. Alchimie de l'héritage, sur un plan gastronomique je crois avoir gardé le goût de cette émulsion de beurre de Normandie et d'huile d'olive.

La petite grande femme qui accompagna mon enfance, c'est Tata. La Tante de maman dont les fenêtres donnaient sur les nôtres. Elle veillait à mes journées, mes besoins, mes caprices. Tata fut ma deuxième nourrice, en tablier le dos courbé dans son jardin entre cerises, framboises et tomates pour ne citer que les rouges. Nous les mettions en barquettes puis sur une balance.

Nous les vendions au portail à pied de rue. En face, à la maison, il y avait les livres à lire, les jeux pour jouer, une cour où courir et aussi la cave. Une caverne *alibabesque* où entre conserves et bricolage, s'offraient à mes mains; les sciences naturelles. Maman les enseignaient.

Des fougères pour expériences, des vivariums de phasmes ; insectes fascinants dont le mimétisme aux branches les rendent imperceptibles. Je m'en croyais capable à fureter, louvoyer en quête d'objets palpitants.

J'y trouvais des insectes volants en boîtes de plastiques où au clou, des squelettes de mammifères et des ustensiles de laboratoires à m'en faire bouillir l'imaginaire. Des piles de manuels de biologie dont je dévorais les images, avide de tranches de vie, bien souvent au sens propre. Les volcans subjuguaient mon regard de petit pyromane.

Un creuset d'expériences à reproduire sans que ce soit avouable. Seule comptait la pratique secrète, aller au contact du vivant pour le faire mien un instant, quitte à en jouer, quitte à l'étouffer.

Expérimenter la mort,

La pratique, tant de fois répétée, consistait à utiliser une boîte en plastique comme celle des cotons tiges avec un petit trou au fond. Je refermais le couvercle sur guêpes, abeilles ou bourdons au bout des pissenlits.

Une fois la bête emprisonnée dans cette boîte j'avais le loisir de filer l'exhiber à maman comme le chat ramenait fièrement une musaraigne en trophée.

Je mutais ensuite en un tortionnaire méthodique de ma prisonnière. Je secouais la boîte suffisamment pour l'assommer. L'immergeait dans un seau pour l'affaiblir.

Puis, je venais la déposer en appât agonisant près d'une fourmilière pour observer, en spectateur-réalisateur, le macabre festin.

Expérimenter le feu,

Je m'éloignais de la maison, à vélo ou à pied. Parcourant les sous-bois à l'affût de trucs rarement propres. J'adorais le hasard des objets qui ressortent des labours, jetais pierres et branches, en frappais les troncs.

De petits plaisirs vandales, je pénétrais souvent les jardins d'autres voisinages. Dans des cabanes ouvertes ou pas, comme un rôdeur qui se fait peur.

Ces pérégrinations étaient toujours conclues par une course en fuite après avoir trop joué avec le feu. J'étais fasciné par le brasier causé par l'allumage des cotons de certains arbustes, fabuleusement inflammables.

Ce penchant incendiaire me valut une raclée le jour où j'incendiais la paille d'anciennes cages à lapin du hangar. Je me souviens du feu aux joues à cette cinglante que je ne pus fuir après avoir catastrophé un repas de famille dominical.

Expérimenter les sens,

L'atmosphère et l'état de corps qui me transporte dans toute piscine me rappelle à chaque fois celle de mon enfance. J'y ai appris à nager du bout de la perche d'un « maître » qu'on ne voit pourtant jamais « nageur ».

Après la nage du chien, j'ai bien dû adopter la brasse grenouille pour gagner mon indépendance dans ce milieu où tous les sens sont éveillés différemment.

La quasi-nudité qu'elle impose m'offrait un contact avec mon corps. Malgré ma maladive pudeur, la pression permanente de l'eau et du carrelage sur ma peau présageait du charnel.

L'acoustique de la piscine au-dessus de l'eau, dans son fond bleu et blanc apportait à l'ensemble une ambiance feutrée, en dehors du temps et du monde extérieur.

Mes instants favoris je les vivais après le cours de natation, en fin de journée peu avant la fermeture de la piscine. Je nageais silencieusement entre les bassins, me croyant seul, le regard à la surface ; croco de l'œil. Pour regarder de loin les quelques femmes qui profitaient aussi de cette accalmie de fin de journée pour se délasser. Un vertige palpitant se produisait en moi à la vue de leur peau et formes qui me fascinaient. En ce bassin j'admirais les leurs et leurs hauts seins aussi.

À mon deuxième chez moi,

Un après-midi, assis à la table de la cuisine, je ne me trouvais pas assez distant entre Maman dans le salon et Papa rentrant du jardin. Les cris qu'ils s'échangèrent me divisèrent. Je peux encore faire résonner leurs tirades. Hémiplégie de ma famille, elle venait de se diviser entre mes oreilles.

Cette unique scène s'est inscrite en ma mémoire d'enfant comme précédant la séparation. Le divorce ratifié ensuite sur mes papiers administratifs ne me laissa aucun souvenir reconstructible. Une partie en moi a éprouvé ces tourments sans les retenir, amnésie de la survie.

C'était en 1986, j'avais dix ans, quand je gagnais le titre de « fils de divorcés ». Pendant les trois années à venir mon frère et moi allions être voiturés entre Maman la semaine et Papa un weekend sur deux. Vivre chez maman qui devait gérer le quotidien seule avec deux enfants, les devoirs, les crises, des jours durant. Alors que nous n'allions vivre que deux jours chaque quinzaine avec Papa, hébergés chez Papy Mamy.

À cette époque de sel où notre espagnole famille rimait avec soirées en farandoles. Tous y étaient chaleureux, festifs, généreux, à nous régaler «**même trop même mal**»[1] Il n'y eut justement pas de milieu, chaque famille devint camp de clan. Frère comme moi devions entendre à défaut de consentir au mal que chaque famille nous renvoyait de l'autre. Il y eut recours en justice, témoignages, tractations de pensions.

Pour notre enfance fraternelle, l'enfer sourd fut le dédoublement de notre famille en deux. Famille T contre Famille F avec vices et revers, nous avions du sang des deux et nous jouions tant bien que mal dans leurs tranchées.

En surface, les apparences nous sauvaient, fêtes de familles en double, valises de weekends nomades. Mange-disque orange chez papa, ordinateurs ludiques chez maman, colonies de vacances où je trainais avec difficulté ma solitude. Il m'a semblé plus tard que nous nous conformions à la norme d'un côté de famille où les sentiments étaient dissimulés. Pour mieux nous laisser chérir par le second côté de famille superlatif avec qui nous vivions plus rarement mais 'Oh combien furieusement!

Les effusions de Mamy et Ma Tante y étaient grisantes. Frère fut le premier à passer de l'autre côté, il laissa toutes ses choses chez maman, sa chaîne hi-fi, son circuit électrique, sa mobylette et moi avec. Comme pour le départ de Papa, l'amnésie poussa ses branches. Je ne me souviens pas du jour au lendemain quand Frère ne fut plus chez notre mère. J'étais maintenant le seul à être voituré d'une famille à l'autre; deux fois le « moi ».

Au collège de « Oui c'est Ma-mère »,

Je rejoignis le collège et y gagnais le titre de « fils de prof». L'arrivée dans cet établissement n'avait rien de dépaysant. Pendant deux ans, j'y avais attendu ma mère, chaque soir, après ses cours au laboratoire de sciences. Une fois collégien, j'évoluais avec facilité dans cet environnement car nous faisions partie des murs.

Il me tint à cœur d'être accepté et apprécié des différents groupes de camarades. Je composais avec eux, quitte avoir recours à des offrandes pour les amadouer. L'exemple le plus marquant en fut la distribution que je faisais de mes goûters, barres de céréales que je prélevais en grand nombre dans les placards de la maison pour mieux les offrir à mes camarades dans la cour d'école.

En quête de reconnaissance, je m'évertuais à compter pour ces groupes distincts, j'y voulais ma place. La découverte du pillage de placard mis fin à ce racket volontaire. Il révéla que le don de mes poches et de moi rendait l'autre proche.

Je ne m'appliquerais qu'à maîtriser l'émotion en nourrissant toute relation. En me maintenant à niveau par le plaisir et à moindre effort, j'appris à jouer habilement de mes titres, transformer les privations en privilèges.

Âge d'un discernement,

En 1989, les institutions françaises célébraient le bicentenaire de la révolution française. Un soulèvement personnel allait aussi me faire sauter une ligne de vie.

Alors que Papa m'accueillait chaque quinzaine dans un appartement où il vivait avec sa seconde compagne. Je gagnais une belle Maman et le titre de fils adoptif. Frère y était logé au quotidien et moi une fois tous les quinze jours.

La guerre battait froidement entre nos familles. Puissamment et avec impatience celle que je désirais le plus m'avait déjà offert la plus exubérante tendresse.

Près de Papa se trouvaient Mamy et Ma Tante à portée de bras et de lèvres. Un penchant paternel bien maternant m'émoustillait là où le versant maternel sonnait patriarcal.

Les vertiges, causés par l'indicible préférence, étaient à leur apogée aux prémices de mon adolescence.

Une voie légale m'offrit alors la possibilité de choisir mon foyer de résidence principale, la rendre unique.

Les instances me crurent sûrement aussi compétentes qu'elles. Et considérèrent que l'âge du discernement chez l'enfant était le mien.

Je fus jugé légitime d'un choix entre capable et coupable. Un weekend de 1989 je suis resté chez Papa après avoir rempli au commissariat les formulaires requis pour ma reconversion. Des images en souvenirs confus du passage chez mère pour récupérer mes valises posées dans la cour de mon enfance. Je me père-mettais de la quitter.

Du bas de mes treize ans, je ne vécus pas physiquement les couperets et tractations judiciaires qui entérinèrent cette décision. Je garde toujours acide ce relent d'insolence *récom-pansée*. Assombrir d'un coup le destin de mère de la mienne, devant la fugue légale de son second fils.

Suivre Frère et accompagner Papa pour d'ultimes et *douleur-euses* années ensemble. J'allais m'y construire, à mon tour « **même trop même mal** »[1].

Mon Frère, au nom de tous nos 'F' et forts,

Nous avons traversé les 20 ans de mésaventures qui ont suivi dos à dos. Dans ton chez Toi en Bretagne, nous nous sommes revus enfin fiers et sereins. En face l'un de l'autre pour réaliser sous ses yeux la précieuse promesse : Voire se rapprocher les deux fils ; en frères réunis.

Mon propre fils a vu le jour un mois après que Papa ait soufflé sa mémoire dans nos pensées, pour que je nous la raconte. Mamy a bercé trois générations d'hommes, deux générations de femmes de son amour gourmand. Nos deux enfants fréquentent du M de je t'aime à renforts de Mémé Mamy Mina Ma cousine Mes cousins Mes tantes Mes oncles.

Mon épouse époussète souvent la paternelle patine sur mes épaules. Nous porterons nos deux enfants d'amour et ne les déposerons qu'à pied d'horizon. Ils sont les fruits d'une déraison qui a forcément les siennes. Pour sûr, Ils nous cousent des lendemains au fil et à mesure de notre filiation.

Journal d'itinérance,

Sacha Fils! Les quelques jours à venir vont compléter tes cinq premières années. Tu les comptes fièrement sur une de tes mains.

Maman a repris le travail hier après nos vacances d'été. Nous avions confié Selena à Mamy. Mina te ramène à la maison après deux jours chez elle. Maman revient avec ta sœur de chez Mamy. Frère et sœur rentrent à la maison ce soir.

18 : 30

Papa est assis sur le canapé, en guise de secret tu lui demandes la console à l'oreille. Tu commences à lui grimper sur le dos, lui chercher le chahut. Puis d'un autre secret tu demandes un dessin animé. Il te refuse tout en bloc et *pro-ment* pour demain. Tu souffles à l'oreille de Maman les mêmes secrets, au cas où? Elle donne ensuite le bain à ta sœur. Papa part en cuisine préparer à diner: un poisson pané riz typique des soirs affairés. Il te regarde jouer dans l'allée pour y retrouver ton meilleur copain, de nos voisins et néanmoins intimes, qui eux, dinent toujours plus tôt. Et qui, pour bientôt, vont déménager. Ton père les salue d'un chagrin heureux par la fenêtre de la cuisine alors qu'ils sortent déjà des valises.

19 : 30

Quand la purée de légume de ta sœur sonne du microonde. Papa te donne ton assiette de riz poisson à la cuiller et à grand renfort de grondements. Maman couche ta sœur puis nous regardons, à trois, ton choix de cadeau d'anniversaire devant l'ordinateur du salon : un robot transformable. Dans les marches vers le brossage de dents, tu réclames une couche, capricieux et en larmes. Tu n'en mettais plus depuis le retour de Vendée. Tu n'as pas souhaité la lecture d'une histoire ce soir. Pour quelques semaines encore Maman ne travaille pas le mercredi, elle t'emmènera dormir chez Mamy demain soir. Tu t'y réveilleras pour ton cinquième anniversaire. Avant de rentrer vendredi soir.

20 : 30

Ta Sœur et Toi aux lits. Tes parents s'accordent un apéritif-intermède. Lascive habitude que nous aurions déjà dû perdre depuis la fin des vacances. La quarantaine en devenir, nous nous repassons nos instants de grâce quotidienne pour oublier les courbatures. Maman en félicite son âge d'arrondir les angles. Papa élucubre sur « l'âge ; ce non-sens » l'*envis-âge* comme la somme de tous nos instants, composée du quadruple de nous-mêmes. Notre nombre familial célèbre le *témoign-âge* de nos bonheurs cumulés. Et les âges d'à venir ? Ils nous promettent le plus beau des *pèlerin-âge*. Car c'est en chemin que nous gagnerons les titres de nos *apprentiss-âges*. Si âge il y a ; il est récompense, Fils !

En matière de table

Annexes au Carnet de Santé 7

Expérimenter la mort, 9

Expérimenter le feu, 11

Expérimenter les sens, 13

À mon deuxième chez moi, 15

Au collège, 17

Âge d'un discernement, 19

Mon Frère, 21

Journal d'itinérance, 23

Frédéric FERNANDEZ

BLUETOOTHED
-Extraits d'inconscience (Tome 2)

« ***Alors cette fois je crois que je suis Complètement ça y'est !*** » [2]

Serge GAINSBOURG

Enfin ça y'est, c'est bien sûr de saison. Je sais un peu plus ce que j'ai été. J'ai repris des images de ma première tétée.

Ainsi, je me soucie peut-être moins de ce que j'aurais été si tout n'avait pas été une berceuse en si mineur.

Un sifflement étourdissant soufflant bien des mémoires. Me voilà bien là, majeur, pour composer ma nouvelle cacophonie.

Les larmes ne s'accrochent plus aux doubles croche-pieds. J'y syncope juste mes mélodies. Ma parole tord la partition de sa caresse.

Elle tient la clef du sol en point de fuite pour que jamais je ne m'atterre. Je suis plutôt feu à feu là où plus tard, peu à peu, je couvrirai de mes ailes le néant en respirant mon androgyne origine.
Je suis né d'un amour, je n'y suis plus sourd. L'aimance m'a fait et c'est ce pourquoi je suis fait. Je prendrai cela comme un postulat, posté là: entre le dessus et le plus profond de moi.

Que demande la feuille à celle qui la mine,

Le temps a bien coulé, comme l'encre, il ne reste qu'une pointe sèche qui blesse aussi mes doigts. Les mots peinent à se répandre, sans plus attendre ils doivent me rassembler. Une flottaison vertigineuse n'empire ni ne m'améliore. Les nuits à m'égarer dans d'insomniaques virtualités ont endormi un temps prétendu manquant. Les jours sont animés par la nécessaire efficacité sociale, dans l'attente de l'échappée nocturne. Mes aubes se ressemblent mais jamais ne me rassemblent.

Du mal être au mal amour, ma ligne directrice suit un fragile sentiment. Mes violentes impatiences, gonflant artificiellement, incendient toute opportunité de voir la tranquillité reprendre le pas en de salvatrices réussites.

Je manque un destin qui ne se comblera pas d'éphémère. A trop me diversifier pour persister et finalement me disperser, je découvre à quel point les passions se tuent dans leur propre lassitude. Quand le provisoire bâcle toute entreprise ; la quiétude en devient lunatique. Si je cesse enfin d'observer ce que le temps m'a pris ; ma muse ne me jouera plus de tours ni ne jonglera avec mes maux.

Je prendrai ce temps, à mon tour, rapporterai les fruits de mes efforts. Ils naîtront au bout des branches de ma propre assurance.

Coup de vieux

J'étais là posé dans la brume de mes pensées, satisfait de ma petite vie sur mes deux fesses ; quand m'est revenue cette bourde que j'avais commise l'après-midi au travail. Inquiet pour la collègue sur place, pour le client qui subira, il est minuit 42 et j'viens d'prendre mon coup de vieux. Pour la première fois des histoires de travail bien matérielles, si futiles soient-elles, viennent hanter mon soir. Moi qui avais toujours cru qu'à chaque départ du travail je me lavais de toute fatigue, du moindre soupçon afin de ne pas repartir de mes cendres au lendemain. A l'orée de la paternité qui me galvanise, je connais des fatigues que mon énergique imaginaire ne suffit plus à couvrir. Il était temps que je trouve maîtresse à mes ambitions, que ce même temps ait raison de mon insatiable *sûre-vie* et de mes débordantes humeurs.

Je vais bien vite trouver le sommeil enfoui dans un drap de lune. Quand j'ai besoin de m'en convaincre j'interroge la théorie qui veut que Morphée soit un homme. Car Bienheureux, dans la pratique, je réalise qu'il a les traits de ma Val de tendresse qui dort à mon côté. Confortablement apaisée, son ventre emplit de notre fils. Je me soulage en retrouvant la guérison de nos nuits, enlacés. L'enfant qu'elle porte bas dans son ventre sera porté haut de nos bras, sur nos lèvres. De notre Amour je souhaite lui témoigner le meilleur des gestes et des mots avec lesquels le monde nous touche.

D'homme

Ce qui fait que l'homme est homme, je n'en sais fichtre rien. Il y a bien sûr un avis général sur la question mais celui-ci ne raisonne que rarement en mon fort intérieur.

C'est un état involontaire où nous somme projetés sans posologie ni précaution d'emploi.

Derrière les portes fermées qu'il veut ouvrir et celles qu'il enfonce ; l'homme aime nier l'imprévisible.

Ce que j'ai devant mes yeux chaque jour en m'asseyant sur cette chaise est ce petit « D'homme » noir.

Le visage blotti dans ses bras croisés pour mieux s'accroupir. Au toucher il est lisse et froid, sa présence est réconfort. Il siège au milieu de la table où je me nourris, m'épanche et m'oublie.

D'homme à un creux qui coupe son dos. C'est par là qu'on le soutient, qu'il s'accroche à votre main. J'aime à croire que lorsque mes talons tournés, Il se redresse et veille.

Orage

La *mala-vie* s'abat comme la grêle sur mon arbre généalogique. Elle crible son feuillage, brise ses ramifications et perce ses verts poumons de trous cuisants.

Les histoires de trois hommes de ma vie se sont jointes aujourd'hui au banc des infections, intoxications et dépressions. La santé n'écoute aucune justice. Une pluie d'expression du mal avide, fait glisser les mains de nos hommes. Fragilise le fil où se suspendent nos funambules, ambulatoires. Ces fils du grand marionnettiste se rompent à mesure que le moral de mes proches chute. Ils s'effondrent sur notre unique scène.

Que le même amour de vie qui a guidé leur pas jusqu'alors soit un entracte pour mon Père, Grand-Père et Oncle. Que les sentiments, présents et à venir soudent d'intimes liens par la filiation. J'applaudirai à n'en plus sentir mes mains, en cœur, ragerai pour encourager « encore ».

De cette pièce, j'en suis, non pas spectateur, plutôt auteur, tantôt fauteur aussi. L'âge m'a conduit à aimer des destins qui me précèdent. Jusqu'à ce que je m'y reconnaisse puis improvise. Je suis moi-même l'incarnation de cette alchimie où se frottent désir et temporalité. Où se confrontent excès de vie et risques de mort. Ma sainteté dépend de la santé avec laquelle j'entretiens les rapports avec mon entourage et mon propre corps. La fin de mes intentions ne justifie pas des moyens qui peuvent me perdre. Il va de moi, si ce n'est de soi, que mon enveloppe charnelle soit la porteuse *trans-parente* de mes gestes et de mes mots. Le principe de congruence s'applique à tout mon être. Si tout de la vie m'inspire, je dois aussi la respirer, la préserver et bien alors je pourrai toujours la transmettre aux miens, à mon prochain et qu'elle me revienne.

Mon organisme est un système porteur d'une énergie de vie, fragment d'éternité qui m'est confié. La précision de cette mécanique tient à sa préciosité.

J'ai appris à l'habiter, ce corps, à moi maintenant de le célébrer dans la voie du mieux et du juste. Notre environnement est un organisme porteur de nos vies et de sa propre énergie. L'équilibre de son système tient à nos respects mutuels.

Nous avons appris à l'habiter, Nature, à nous maintenant de lui rendre ses grâces, pour nos enfants et les leurs. De l'infiniment petit à l'infini qui ment ; la bienveillance requise est identique. J'écris ces mots pour les miens, pour l'amour de vie qu'ils me donnent. J'appartiens à des familles, à des mondes qui ont autant besoin de moi que moi d'eux. Messieurs! Je porterai en tête les couleurs de notre sang, répandrai des lèvres les valeurs de nos familles. Montrerai jusqu'à mes rides, le bonheur d'être unis.

Aujourd'hui je fête l'Aimé,

En ma langue c'est un participe passé, offrons-le en un présent.

« **La route de la vie est rocailleuse, il se peut que tu trébuches aussi** »[3] chanta un autre aimé. Des chutes, des coups nous nous relevons chaque jour quand nous aimons un peu plus, un peu plus longtemps, un peu plus loin. Cet état d'aimé éclaire un sentier dans la forêt de nos peurs, nous réchauffe quand se fait sentir l'effroi. Il est le lien qui retient la crainte, de soi à l'autre.

Peureux celui qui ne l'a pas cherché en lui, en son prochain. Valeureux celui qui le découvre et le partage en chemin. Cet Amour se trouve écrit à la buée du miroir de nos réveils, juste là pour le regarder, lui sourire et y trouver son propre reflet.

Une fois aimé, aimanté, les extrêmes cessent de se repousser, ils se laissent approcher.

En couple, en comité, être aimé est une communion qui submerge les cinq sens pour en donner un de plus à la vie. Une télépathie sensible qui transgresse la mort et offre à l'existence une source d'abondance. Vois-là le remède à tout un chagrin, pour tout un chacun. Être Aimé Nous Ressemble, à chaque main, lèvre, corps, serrée, goutée, enlacé. *ÊtreAiméNousAssemble*.

Je moins un,

10.949éme jour de mon existence approximative, nul besoin de se faire de bile de l'an qui s'achève. Ce bilan comptable a depuis longtemps dépassé les doigts sans en faire des pieds et des mains.

Du positif au négatif oscille en moi une autre polarité ; le sens de la vie. Il égrène ses jours comme un chapelet qui roule dans mes mains. En prière, j'ai choisi hier comme expérience, j'expie le pire par le rire. Je prends à deux mains de fer mon lendemain, pour sûr, être en un paradis sans paradoxe.

Quatorze novembre deux mille six vient vite refermer en moi les plaies et les rêves de mes trente premières années! Fleuris mon intérieur de doux souvenirs pour que je porte toujours en moi: les belles attentions et les meilleures intentions.

Qu'inépuisable, je les offre encore à tous ceux qui se partagent mon temps, lui donnent couleur et saveur.

Notre Amour est un honneur et c'est là mon bien heur.

Je, sûr-signé, FREDéric. Vous adresse mon nouvel âge.

La Naturité

Mois de naissances en mon Nom, c'est l'an trente de mon ère, Il sonne à chaque battement de mon cœur. Une marche irrégulière le fait s'animer d'affolements, d'essoufflements mais il avance, Se gonfle puis se contracte. C'est le cœur à l'ouvrage. Petit ouvrier désœuvré d'un chef d'œuvre inachevé, il me pousse de l'intérieur. Il élance ma cage de torse tant et si bien que le reste de mon corps, sans mal, n'a d'autre choix que de se tenir. Ou à défaut, toujours faire le premier pas, au mieux.

C'est le mouvement perpétué qui siffle les souffles de la vie, du premier à chaque suivant. Pour que je le respire comme s'il était l'avant dernier.

Chaque aube, réanimé des cendres de mes nuits blanchies, je suis habité d'un feu ardent, celui-là luit en moi, je cours sur un lit de braises sans y trouver le repos ni couverture. Vêtu bientôt de ma simple sincérité.

Ce mois, se profile un nouveau moi, j'accède à l'âge de la *Naturité*.

Me voilà en belle posture, face au futur, immature par nature, pour déclarer mon investiture.

À la 30tième conjoncture !

Rôles consacrés, rôles qu'on se créés,

Jeux de rôles, je au vitriol quand l'individu sur-endosse sa propre représentation. Le risque d'un malaise vertigineux est de dévaler la falaise schizophrénique. Que le théâtre de l'opprimé[4] vienne à mon secours. Il requiert un échange des rôles pour ne pas être un couteau tourné dans la plaie. Le chemin de vie est semé d'embuches mais il m'élève quand je les surmonte. L'action est de premier choix.

Vingt années au-dessus de mon arbre de choix ne sont pas de trop. Pour ne plus chercher à répondre au comment de mes branches, au pourquoi de mes déracinements successifs, trouver en ma présence même que je suis absolument la somme de toutes ces interrogations. La réponse vive à toutes mes *Reliances* à l'autre et l'alentour.

En cet autre temps, j'ai quitté une famille pour rejoindre celle qu'on appellerait la seconde. *Ado-liquescence* amputée du bras maternel, je croyais avoir fui la gifle à ne plus croire en la caresse.

Des années durant je me suis élaboré pour compenser le déséquilibre à l'appui d'un troisième pied de tabouret. Une tierce famille, celle de l'amitié fraternelle où j'ai longtemps trouvé refuge et stabilité. En mineur miné, l'excès de manque m'a rattrapé, régurgité. À ce réveil douloureux, j'étais *enlarmé* de l'âme. Un jour qui suivit, j'ai à nouveau emprunté la descente du petit chemin tout près de chez Tata Madeleine. Enfant, elle m'emmenait à l'école du bout de sa main. Je suis retourné «voir» *ma'Man*.

Nos mots eurent le froid de frustrations trop longtemps contenues. J'étais en face d'elle, ma propre *origyne*. Les années s'en mêlent encore pour survivre une relation qui ne fantasme plus le Parent Normatif[5] ni l'Enfant inadapté.

Ainsi, je tombe le masque de circonstance qui brulait mon visage de solitude. Qu'il s'envole aux branches du chemin où sifflera toujours la brise de mes souvenirs. Les frissons qu'elle me donne sont des réminiscences qui m'actualisent. Le sillon des larmes d'antan est devenu le lit de mes sourires, aujourd'hui.

ART, subst. masc.

Selon le trésor de notre coûteuse langue française, l'Art se définit de façon générique comme un

« Ensemble de moyens, de procédés conscients par lesquels l'homme tend à une certaine, cherche à atteindre un certain ... »[6].

Cette approximation préjuge que tout acte ou art pour l'accomplir ne lui permettrait tout au plus que de tendre de chercher à atteindre un certain résultat, incertain. Je ne peux m'y résoudre sans me dissoudre. Mon inépuisable moteur, être conscient de sa *mortemporalité* réside dans la mise à l'épreuve. Une *expérienciation* continue dont les finalités mêmes m'échapperont.

À ce sujet je souhaite répondre à la vision verticale de Charles Hadji qui clame que

« C'est pour toujours que l'on n'est pas encore. »

Par celle de Serge Gainsbourg qui nous chante, même à l'horizontale:

« Mais c'est une question que c'est absolument ça ne fait rien parce que se ronger les sangs ça s'rait tout à fait y'a pas de quoi ».

En artisan formateur, je taille mes mots et mesure mes gestes pour figurer l'immatériel. Conduire de ma langue celle de l'apprenti. De l'expression «**Art appliqué**» J'y lis un pléonasme car de l'artisan à l'artiste, leur même art est de s'appliquer à la création. Franchir l'imaginable jusqu'au faisable pour produire leur propre *réelisation*. De fait, l'Art devient une résultante de toute science ou de toute image mentale devant être matérialisée et transmise.

« **La science est dans la recherche des lois des phénomènes et dans la conception des théories; l'art est dans l'application, dans une réalisation pratique en général utile à l'homme qui nécessite toujours l'action personnelle d'un individu isolé.**» [6]

Après savoir et savoir-faire, l'art interroge aussi l'homme sous le formateur au plan existentiel. Il y répond souvent au niveau sensible en tant qu'être de passion. Sa quête de mise en condition de bien être est constante, pour lui-même et pour le transmettre à son prochain.

« **On devrait bien enseigner aux enfants l'art d'être heureux. Non pas l'art d'être heureux quand le malheur vous tombe sur la tête ; je laisse cela aux stoïciens; mais l'art d'être heureux quand les circonstances sont passables et que toute l'amertume de la vie se réduit à de petits ennuis et à de petits malaises.**» [7]

Dans l'art du formateur, ce qui tombe à la bonne heure serait fait de circonstances identiques aux ballades d'Alain. Aladin en scène, je les éprouve en cours particuliers ou en groupe. L'objet de la formation devient prétexte. De ce nouveau contexte, une parenthèse se forme et repousse, un réel instant, les amertumes et ennuis contingents. Laissent un libre champ où la relation et l'échange communiquent de façon « immédiate ».

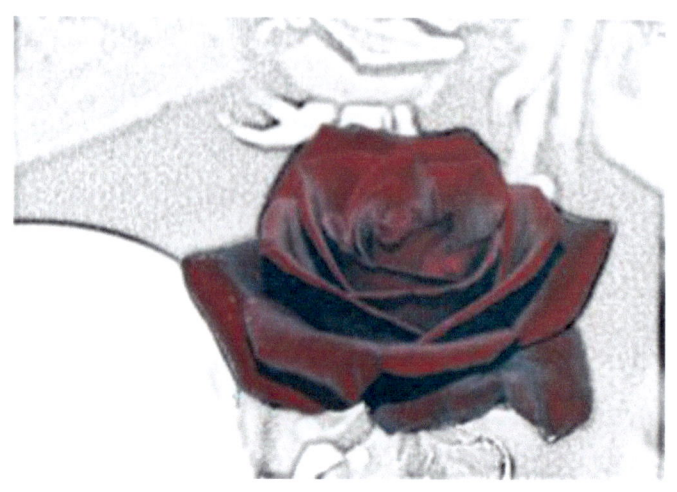

Huit mars deux mille treize,

A ma Femme,

Je lui ai promis le meilleur, lui est parfois dévoilé le pire de moi-même. Elle connait le sel de mes larmes, l'aigre de mes suées. Alchimiste attentive, elle canalise mes humeurs en un flot mijotant pour porter notre barque plus en avant. Quand je suis de menthe elle se rend verveine. Si je ressens un manque elle se fait aimante. Mes lendemains sont maintenant à portée de sa main.

Eve

Elle a inventé la pudeur en se cachant d'une feuille. Cette part d'intimité pour laquelle l'amour part en quête, intimidé. Dans ce jardin d'Eden, la feuille de raisin consommée, Elle vécut la première ivresse. Si elle avait été défendue ; ni Abel, ni Caïn, ni moi, ne serions de ce monde. Sur quel rêve la première femme s'est-elle endormie, la nuit qui a suivi ?

Lucy

« Tu es merveilleuse » est le nom Ethiopien qu'elle reçut la même nuit où une chanson l'envoyait dans les étoiles de diamants. Ceux qui l'ont croisée trois millions d'années après ont réalisé qu'ils portaient en leurs gènes son bel héritage.

Fée Clochette

Nymphe, puis muse, ses *si-reines* les font tomber. Dépose et fait mouche au coin de leur bouche. Les yeux d'hommes frémissent plus sa jupe se plisse. Leurs sourires s'étendent à mesure que sa robe se fend.

Puisque l'esprit est l'autre siège des émotions ; tout amant doit inviter sa belle à s'y asseoir. C'est pour leurs délicieuses différences que l'imaginaire les emportera vers une sensible complicité.

Je chéris la filiation maternelle. Nos Mères, Grand Mères et Tantes ont tissé mes jours de tendresse avec leur bobine d'affection. Une mère a fait de moi son fils, Une femme a fait de moi un père.

Le galant vous prie de lui passer devant ; il n'en suivra que mieux vos attraits et parfums.

« Après Vous ! »

Donne-moi le LA, Val ! Pour que j'accorde mes pulsations aux tiennes.

« Mars, Mardi, 17h25, à quatre jours de ton Huit je monte dans un wagon. Après recensement fait : quinze des Tiennes siègent et seuls six hommes vous accompagnent.

Sans doute obsédé par le sujet, je m'étais trompé de train. Contraint et à bon train, je repars à rebrousse rail pour te retrouver sur ma ligne et ne pas être davantage à la traine.

Vingt minutes plus tard, autre wagon, même rapport, Vous êtes 17 pour 6 de mes semblables. Mais où sont les hommes ? Jeudi 07h48, nouveau train ; dix-sept pour huit.

Je suis en diagonale d'une de tes nombreuses ténébreuse. Tes ongles sont limés courts. Tu tiens un briquet au fond de ton poing. Deux écouteurs verrouillent ton attention. Ton regard braque un paysage qui se défile. Ta frange est droite et ton sourire plat. Une brune chevelure coule en cascade sur tes épaules. Je n'userai pas du reflet de la vitre pour mirer tes yeux. Je crains qu'un regard du même bois que le coup de trique ne matraque. Je me délecte coupable de te détailler impunément ... »

Cette semaine, un *con-génère* m'indiquait à quel point **« c'est un choix de couple que Monsieur ramène plus d'argent au foyer »** que Toi, Madame, entretient. Je respecte cette décision, si, commune, mais j'interroge le choix. Des Mères sont abandonnées par le père que l'on appellera géniteur. Les Femmes gagnent vingt-cinq pourcent de moins que ceux qu'elles doivent «également» appeler collègues. Des Battantes voient leur carrière freinée, pour donner naissance aux enfants. Des Epouses assument : un métier, la gestion du foyer, de la famille, et, attendent le retour de ce dur mari laborieux, porteur des finances. Des Amours de femmes ne peuvent fuir la tyrannie de ce sexe plus « fort » car il l'est aussi quand il a tort. De tendres Grands-Mères franchissent le deuil de leur conjoint pour ensuite chérir seule leur ultime famille.

'Oh Femme ! En notre société, tu traverses ce champ du possible au contact de l'homme depuis des millénaires. Tu n'as pas attendu sa logique ni sa justice pour forger ton identité. Tu m'en as imprégné au point que j'ai promis ma confession d'homme aimant à l'une des tiennes. Chaque année, à cette même date, je ferai, aux Tiennes, part de mes confessions.

Mon poste actuel se trouve dans un bureau clos avec trois collègues travailleuses qui supportent le mien. Elles forment un trio ou j'apprends ton féminin au pluriel. À l'embauche, j'ai signé mon premier contrat avec une Femme de clarté qui conjugue la règle des trois « Té » que sont *FéminiTé*, *HumaniTé* et *ResponsabiliTé*. Elle en repousse l'adversité.

Au coin de l'amitié, j'ai rencontré tes Copines, il m'a semblé qu'elle m'acceptait comme l'Une des vôtres. A la fois folles confidentes et sources de confiance. À l'université, je t'y ai naturellement rejoint à l'amphithéâtre des langues. Quand les mains se levèrent à la première question du conférencier, tout autour, je ne vis que des ongles vernis, je l'étais moi aussi. Au Lycée, je me suis assis au banc des littéraires où tu déclines tout au féminin ; Littérature, Histoire, Langues, Philosophie. Le masculin n'a jamais dépassé le nombre de trois.

Enfant, ma découverte de ta différence s'est d'abord esquissée dans les livres de Sciences Naturelles de ma mère-professeure. Tu y étais souvent présentée sous formes de coupes, de schémas ou en transparence. Aux cours de natation, je préférais t'observer que de retenir mes aspirations.

Des leçons de choses aux nageuses, l'imaginaire m'aide encore à combler ta part de *Miss-Terre*. M'entourer des tiennes est proche de me plaire et loin de me dépayser. Je te retrouve si souvent sur mes chemins ; des transports de mon quotidien à chaque étape de mon destin. Les coïncidences qui deviennent évidences provoquent mon attirance. D'errances, je plonge en songes et m'éveille toujours à l'éclat de mon annulaire, pour aller rejoindre, mains-tenantes, ma Belle.

Postambule

M'inclure sans jamais conclure,

Dévoiler mon fétiche :

Le Jeu où le 'Je' s'oublie

Écri-vivant le deuxième journal du reste de ma vie,

Le jeu contraire m'est trop amer.

Amicalement Vautre, Avril 2016

À toute ces fois quand j'ai fait du votre, le mien. J'ai capturé votre essence en omettant ma propre connaissance. D'une bien conne aisance, je rompais les distances. Pour étreindre votre existence, j'éteignais la mienne à grand frais. Là est bien ce qui m'effraie.

C'est si chouette d'être l'ami sous la couette, d'avoir le miel au goût des lèvres d'où coulent nos mots à l'unisson. La passion christique à son point critique. Le même qui s'en *acca-para-dit* pourtant qu'il aimait son prochain.

Hier soir, mon plus proche amour ma rappelé que cet *enfer-me-men-tais*. J'ai cherché le sommeil après avoir régurgité une journée de plus dédiée à ma boulimie de *rela-sensa-tionnel*.

Ce matin à la piscine avec mon fils, j'y ai fait une retrouvaille, celle d'un camarade qui ramenait nos souvenirs vingt ans avant. Poétiquement, son prénom peut s'écrire *Ami-Doux* : ça ne s'invente pas.

S'en suivirent un flot de discussions ironiquement mélancoliques sur nos devenirs et à portée de nos enfants. Des fils ; il en a trois aujourd'hui. Je gardais le mien, pour une fois, du coin du regard à quelques milliers de litres d'eau de piscine. Lui ne vit pas son ainé grimper à plusieurs reprises sur l'ilot décoratif. C'est le maitre-nageur qui le vit, le reprit, sortit de l'eau mon Ami qui rapidement n'eut plus rien de doux. Deux hommes se confrontaient étouffés dans le brouhaha liquide de la piscine, on eut cru que leurs mains signaient, singeaient, se coupaient en paroles.

Après qu'ils aient longuement réussi à détourner le regard de bien d'autres pères dans le bassin, mon ami me rejoignit. Courroucé de s'être fait rappeler « son boulot de père » et reprocher son manque de vigilance, policier de son métier, ça s'invente, finalement.

Sous mes yeux revint l'image de l'isolation lors d'échanges effrénés. J'y avais pris part en maillot de bain et cette fois, j'avais assisté aux effets de bord d'une trop forte focalisation empathique.

Hier, en jetant mon dévolu dévoué sur une amie qui invitait ma famille. Lors d'un repas entier je ne prêtais la moindre attention à ma femme ni à mes enfants. Ils évoluèrent autour d'une bulle où je m'enfer…mais… Ces scène similaires, anodines d'ordinaire, de détournements d'attention ne manquent ni de « D » ni de vérifier une suite irrépressible de dons de moi.

Depuis les distributions de mes gouters à l'école, aux cartables que je portais pour le confort de camarades. J'ai depuis nourri mon appétit d'un amour immédiat en la célébration frontale.

J'ai pris le pli de me vautrer littérairement dans l'instant partagé avec mon prochain, quitte à l'en faire mien. Quitte à m'oublier pour un instant de grâce où l'âme se sent en résonnance avec un *co-vivant*. Telle est mon intention profonde à chaque échange.

Si je la couche en mots ce jour, c'est pour rendre grâce aux miens. Leur annoncer sans plus d'abandon que je compose un nouvel accord en moi. Pour l'heure ça sent encore un peu le chlore. Mais de mieux après *lende-mieux* vont éclore.

Je forgerai les clés d'un Amour inconditionnel et sans risques. Je lui accorderai, en pleine conscience, les plus justes hypothèses.

Nonuple novembre, Selena[2]

Tu dors au fond de ton premier lit après une journée où tes parents t'ont chanté dès le réveil le refrain du deuxième *Selenaversaire*. Depuis quelques *Selenamaines*, Maman réclame à Papa la caméra, pour te filmer enfin au quotidien.

Y sauver des souvenirs animés de tes déjà mille manières de te mouvoir, de t'émouvoir, qu'ils puissent entendre encore le son de ta voix qui, à chaque lendemain, est déjà une autre. Le décompte que tu défiles à chacun de tes pas plus assuré, Mère et Père s'y suspendent comme à leur plus bel équilibre, ils te content comme la Seconde.

Parents maternent ces nourrissants instants partagés avec Frère et Toi, vous les et vous vous altérez au beau gré d'une évolution mutuelle. Quand vous deux vous enlacez tête contre épaule pour partager un écran ou vos livres. Dès que cela se produit, quand bien même au cours de tâches ménagères, au cours de repas festifs. À l'endroit où ton corps entre en contact avec celui de ton frère. Un sixième sens éveille irrémédiablement *MAPA*.

Ils se retournent après avoir perçu une lumière de votre union nouvelle, même de l'autre côté d'une pièce, elle interrompt toute action. Ils *pré-sentent* la chaleur de vos liens en couture, Se rapprochent pour contempler, se figent en regards béats, Apaisent leur cœur devant la communion des vôtres.

Précieuses comètes d'eux-mêmes ; vous commettez les éclipses de leurs « **Hein! Ce temps** … ».

Selena-Florence, À l'insu de ta chaire Maman, tu es de son tissu et sa Chère, et pourtant tu minaudes. Tu feins parfois de ne pas la remarquer quand elle vient t'embrasser. À ce jour encore, tu es une part d'elle, vos présences sont indissociables. Tu sembles n'avoir nul besoin de l'appeler « Maman », vos échanges en Restent ininterrompus. Chaque soir, Papa te voit t'abandonner dans le val de son cou, n'ayant pas assisté à l'instant précis de votre maternelle séparation ; Mari et Père aiment voir en vos *câliens* des retours sensibles à votre union originelle.

Ta Maman, Ta Mamy, Samira rapportent que tu entonnes des « **paPAA !?** » à bien des occasions en tous endroits. Ta mère pense que tu le vois partout. En se l'écrivant, ton père lit qu'il est surement un constant personnage de ton quotidien. Que tu l'emmènes avec toi, l'invoques quand bon te semble, pour partager telle-épate ; ce que tu vois, vis et deviens.

Tes parents savent qu'un jour, le son de la ponctuation avec lequel tu les interpelles s'inversera. Tu leur offriras d'autres tumultes. Ils citeront, mais sans aigreur, le taux de couverture d'emprunteurs cumulés … Quant à Mains-tenantes et à la bonne heure, la seule comptabilité appréciable à ce jour est celle de l'Amour dont tu rayonnes, que tu reflètes. Tous reçoivent leur part et chacun ajoute à sa propre félicité, le bien heur que tu procures aux autres. Tu as offert deux ans de Toi et comblé la vue de tes parents sous tous leurs Anges.

MAPA

<u>Calcul des co-affections et de l'empreinte éprouvée lors de flashs familiaux :</u>

MASe + PASe + SeMAPa + SePAMA

+

MASa + PASa + SaMAPA + SaPAMA

+

SeSa

= **Nonuple** (affectif éprouvé)

En matière de table

À Serge	29
Que demande la feuille ?	31
Coup de vieux	33
D'homme	35
Orage	37
Aujourd'hui je fête l'aimé	39
14/11/2006	41
La Naturité	43
Rôles consacrés, rôles qu'on se crée	45
ART, subst. masc.	47
Huit mars deux mille treize	51
Donne-moi le LA! Val.	53
Amicalement Vautre	57
Selena[2]	61

Frédéric FERNANDEZ

Merciements en
FLUOGRAPHIE

À la Nuit

À l'Âmi-maginaire

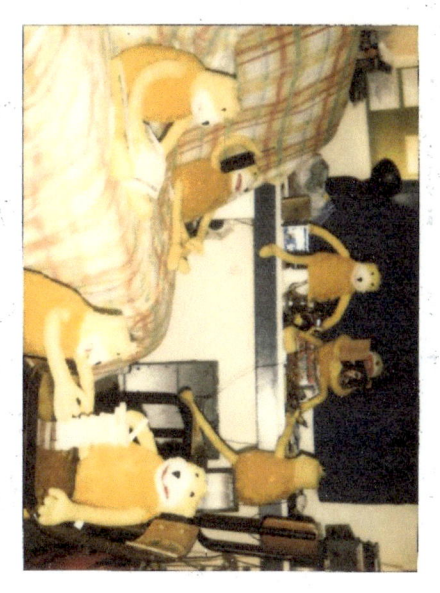

Au Partage

À l'Improbable

À la Fête

Aux Rires

À la Folie

Aux Amours

Au regard de l'Autre

Par Des Voisins

DÉDOMMAGEMENT COLLATÉRAL

LA VOISINE DE COOLOIR
BOULEVARD DE L'EVASION, 2010

-Messages scotch-tapés à la porte

Une nuit,

Merci de bien vouloir mettre la musique moins fort le soir je ne peux pas dormir

Nuivante,

Merci de faire moins de bruit le soir, à 1h30 du matin, je me lève à 6h15 tous les jours

Nuivante,

Encore trop de bruit hier soir sympa pour les gens qui se lèvent de bonne heure. Il était quand même minuit et demi, je pense qu'on est sympa, il ne faudrait pas exagérer

Nuivante,

Là ça commence à bien faire, 3 soirs de suite c'est vraiment abusé, vous n'avez aucun respect pour les voisins. Il est minuit et demi vous ne savez pas ce que c'est de se lever à 6h du matin

Nuit de trop,

Encore merci pour le bruit hier soir je suis venue tapée chez vous et vous n'avez même pas répondu. Très sympa pour les gens qui travaillent et qui se lèvent de bonne heure

LADOUBLE
RUE DE LA COUTELLERIE, 2002

-Lettre en recommandé avec A.R.

Bonjour,

A contrario de mes habitudes d'agir ainsi, mais la situation l'exige par les nuisances sonores bien coutumières venant du 3e étage du 26, rue de la Coutellerie PONTOISE = appartement du destinataire de mon cet AR.

En confondant le jour et la nuit, longtemps et le plus souvent possible, de là s'échappe le volume (très) fort de la chaîne hi-fi (ou de la télévision) ! Formidable d'être jeune, alors pourquoi devenir sourd(s) à force d'écouter aussi fort et de trop près. Induisant l'obligation de crier au lieu de parler à d'autres tout proche. Sans parler des fatigues inexpliquées. Problème général, va coûter super cher à la société, plus agressivité, violence…

Pour semble-t-il être des moutons de panurge d'un (mauvais) modèle…Conséquence(s), nombreux oublis donc reviennent chercher des affaires, d'ailleurs quand les Jeunes partent des fois on dirait qu'ils reviennent. Facile de savoir quand ils dorment, se lèvent, partent, reviennent. Qu'ils respectent leurs voisins serait souhaitable, mieux que les contraindre à subir 2 tortures= bruit(s) et absences de sommeil.

Toute ma gratitude par avance afin d'envisager une solution favorable à ma démarche sérieuse. Dont l'éventualité d'une réponse écrite. D'autres personnes dans mon cas se contentent de râler dans leur coin. Avec l'assurance de ma considération la meilleure.

Révérences

1. Extrait de LA QUETE
   Sur l'album <u>L'Homme de la Mancha</u>
   Jacques Brel, 1968.

2. Extrait de PAS LONG FEU
   Sur l'album <u>Aux armes et cætera</u>
   Serge Gainsbourg, 1979.

3. Extrait de COULD YOU BE LOVED
   Sur l'album <u>Uprising</u>
   Bob Marley, 1980.

4. THÉÂTRE DE L'OPPRIMÉ
   Augusto Boal,

5. ANALYSE TRANSACTIONNELLE
   Eric Berne,

6. Trésor de la langue Française informatisé

7. PROPOS
   Alain,

En matière de table

UN EFFET D'AFFECT 7

BLUTOOTHED 29

POSTAMBULE 56

FLUOGRAPHIE 67

DEDOMMAGEMENT 87

Ave Amour !